Le Lièvre
et la Tortue

Illustrations :
Jocelyn Millet

LAROUSSE

Rien ne sert de courir ; il faut partir à point :

Le Lièvre et la Tortue en sont un témoignage.

« Gageons, dit celle-ci, que vous n'atteindrez point
Sitôt que moi ce but. - Sitôt ? Êtes-vous sage ?
Repartit l'animal léger :

Ma commère, il vous faut purger
Avec quatre grains d'ellébore.
- Sage ou non, je parie encore. »

Ainsi fut fait ; et de tous deux

On mit près du but les enjeux :
Savoir quoi, ce n'est pas l'affaire,
Ni de quel juge l'on convint.

Notre Lièvre n'avait que quatre pas à faire,
J'entends de ceux qu'il fait lorsque, prêt d'être atteint,
Il s'éloigne des chiens, les renvoie aux calendes,
  Et leur fait arpenter les landes.

Ayant, dis-je, du temps de reste pour brouter,

Pour dormir et pour écouter
D'où vient le vent, il laisse la Tortue
Aller son train de sénateur.

Elle part, elle s'évertue,
Elle se **hâte** avec **len**teur.

Lui cependant méprise une telle victoire,
Tient la gageure à peu de gloire,
Croit qu'il y va de son honneur

De partir tard. Il broute, il se repose,
Il s'amuse à toute autre chose

Qu'à la gageure. À la fin, quand il vit
Que l'autre touchait presque au bout de la carrière,
Il partit comme un trait ; mais les élans qu'il fit

Furent vains : la Tortue arriva la première.

« Eh bien ! lui cria-t-elle, avais-je pas raison ?
De quoi vous sert votre vitesse ?
Moi, l'emporter ! et que serait-ce
Si vous portiez une maison ? »

Dans la même collection :

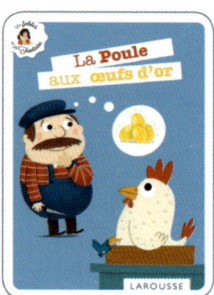

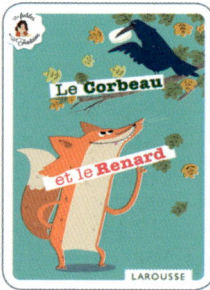

Direction de la publication : Isabelle Jeuge-Maynart et Ghislaine Stora
Direction éditoriale : Florence Pierron-Boursot et Stéphanie Auvergnat-Junique
Édition : Marie-Claude Avignon
Responsable artistique : Laurent Carré
Mise en page : Fanny Tallégas
Illustration de couverture : Jocelyn Millet
Illustration du logo La Fontaine : Alain Boyer
Fabrication : Rebecca Dubois

© Larousse 2014
21, rue du Montparnasse - 75006 Paris

ISBN : 978-2-03-589694-0
Photogravure : Irilys
Imprimé en Espagne
Dépôt légal : janvier 2014
313755-01/11025956 - décembre 2013

Conforme à la loi n° 49 956 du 16 juillet 1949 sur les publications destinées à la jeunesse.

Toute reproduction ou représentation intégrale ou partielle, par quelque procédé que ce soit, du texte contenu dans le présent ouvrage, et qui est la propriété de l'Éditeur, est strictement interdite.